AF243249

NOTE ADDITIONNELLE

AUX

CONSIDÉRATIONS

SUR

LE REMBOURSEMENT

ET

LA CONVERSION DE LA RENTE,

PAR LE DUC DE GAËTE.

PARIS,

IMPRIMERIE DE GUIRAUDET ET CH. JOUAUST,

RUE SAINT-HONORÉ, N° 315.

1838.

NOTE ADDITIONNELLE

AUX

CONSIDÉRATIONS

SUR

LE REMBOURSEMENT

ET

LA CONVERSION DE LA RENTE.

La rédaction du paragraphe de *l'adresse* de la chambre des députés, concernant le remboursement et la conversion de la rente, faisait présager un nouvel ajournement de cette dangereuse mesure, dont la nullité, d'ailleurs, *pour l'extinction de la dette ;* par conséquent pour le véritable intérêt du pays, est évidente.

Ce présage est réalisé dans l'exposé des motifs de la loi du budget de 1839, où *l'inopportunité des circonstances* est de nouveau présentée comme un obstacle à l'exécution actuelle de ce projet.

Mais si la difficulté était uniquement, là, quelle pourrait être l'époque que l'on espérerait plus favorable que celle où la situation de la France s'annonce aussi prospère, relativement, soit, à l'état de ses finances, soit, à l'esprit pacifique dont toutes les puissances de l'Europe se montrent animées et dont la durée trouve une garantie rationnelle dans tous les genres d'améliorations qu'il favorise chez elles?

La prudence permettrait-elle de se confier mieux, plus tard, à l'abondance accidentelle de capitaux dont la disparition rapide, que le moindre mouvement politique, ou une crise imprévue dans le commerce, amène, a si souvent renversé les plus utiles combinaisons, lorsqu'elles reposaient principalement sur une base aussi fragile.

Où en serions-nous aujourd'hui si, rassuré par la situation apparente des affaires générales, au commencement de 1836, le gouvernement s'était livré à l'imprudent conseil d'entamer le remboursement, et que les fonds disponibles de la banque sur lesquels on avait, en partie, compté, pour cette opération, s'y fussent trouvés engagés, lorsque, dès les derniers mois de la même année, ils lui sont devenus si nécessaires pour prévenir, chez nous, les malheurs que l'on était, un instant auparavant, si loin de prévoir! Qui aurait la témérité, après cette nouvelle épreuve, de se rendre garant de l'avenir le plus prochain!

Si donc, les conjonctures présentes, particulièrement sous le rapport politique, le plus important, dans une telle affaire, sont, avec tant de raison, jugées impuissantes pour tranquilliser sur les résultats d'une opération dont on reconnaît que *l'insuccès serait, pour les finances, la cause d'une grave perturbation;* quel pourrait être, désormais, le moment où un ministère prévoyant oserait se lancer dans une voie aussi périlleuse, lorsque la simple exécution du contrat qui nous lie le mettrait à portée de rendre aux contribuables un éminent service, sans s'exposer au moindre hasard; surtout au moindre reproche, et en donnant un nouvel essor à la confiance et au crédit public ?

Que l'on suppose en effet un besoin subit d'en faire usage; lequel jugera-t-on devoir lui être plus propice, de l'exemple donné du retour au respect des engagements contractés ; ou de celui d'une violation permanente de la foi promise !

Je ne pense pas qu'à cet égard, l'opinion puisse rester un moment incertaine.

Je demeure, ainsi, intimement persuadé qu'un nouvel ajournement du projet de conversion ne serait propre qu'à entretenir, dans les départements, des espérances que la force des choses, supérieure à la volonté des hommes, ne permettrait jamais de satisfaire ; que, par là toute l'importance que l'on y avait attachée disparaît, et qu'il cesse d'être un empêchement réel au rétablissement des droits que la loi du 15 avril 1825 avait si gravement compromis.

Dans cet état des choses, il deviendrait superflu d'examiner quels pourraient être les effets de la mesure dont il s'agit sur *l'intérêt de l'argent*, si l'espoir d'opérer la réduction de cet intérêt par *la conversion*, n'était pas l'objet d'une préoccupation aussi hautement manifestée dans les départements ; quoique les faits, plus sûrs que tous les raisonnements, eussent dû, dès long-temps, les convaincre qu'ils se repaissaient d'une chimère.

Car ils ne peuvent ignorer que l'opération qu'ils appellent, avec tant d'instance, avait été tentée, sur une assez grande échelle, en 1825 : 30 millions de rentes, appartenant à des détenteurs placés, la plupart, dans la dépendance du gouvernement et menacés publiquement de sa défaveur, s'ils résistaient à sa volonté, ont alors subi la conversion en 3 p 0|0 au cours de 75 : ce qui maintenait, en réalité, leur revenu à 4 p 0|0 : d'autres, en petit

nombre, ont volontairement consenti à une réduction à 4 1[2.

Depuis, il n'a pas été ouvert d'emprunt au
dessus de 4 p 0[0.

D'un autre côté l'élévation constante du cours
de la rente de 5 avait fixé *au dessous* de 5 p 0[0
l'intérêt du capital qu'elle représente.

Et si tout cela n'a pu engager les capitalistes
à appliquer, de préférence, leurs capitaux à des
emplois utiles à l'agriculture, comment s'est-
on persuadé qu'une combinaison de la même
nature que celle qui n'a rien produit, depuis
1825, de ce que l'on en avait espéré, pût, à
l'avenir, seconder plus efficacement le vœu
exprimé par les conseils généraux pour la réduction du taux de l'intérêt en faveur des propriétaires de biens-fonds ?

Il faut en revenir à la vérité.

Ce sont quelques dispositions du code hypo-
thécaire qui éloignent les capitaux des prêts sur
hypothèque ou qui contribuent à élever le prix
de ceux que l'on consent à y consacrer. Ce n'est
pas par une réduction sur la rente de 5 fr.,
de quelque manière qu'elle s'opérât, que l'état
actuel pourrait changer. Le *passé* le prouve et
la raison appuie son autorité.

Dira-t-on que, du moins, *la conversion* pro-
duirait une diminution proportionnelle de l'impôt

Mais *l'annulation* proposée de 10 millions des rentes dont la caisse d'amortissement est encore propriétaire, ne produirait-elle pas, dès le début, en faveur des contribuables, un résultat (je n'ose dire, un *soulagement*) égal à celui qu'ils obtiendraient par la réduction d'un 10° de la rente, et des calculs qui n'ont pas été contestés, ne démontrent-ils pas que, par la suite, l'appel au rachat aurait, sous ce rapport, une immense supériorité ?

Il faut bien rappeler aussi que *l'annulation* libérerait simultanément l'État et de la rente et du capital de 200 millions qu'elle représente, et que, au contraire, la *conversion*, qui ne peut agir que sur *la rente*, laisserait *à perpétuité* ce capital subsister tout entier.

En renonçant enfin à l'idée de la *conversion* dont on reconnaîtrait l'impuissance, reproduirait-ou celle de soumettre la rente à l'impôt foncier?

Cette idée avait déjà séduit de bons esprits ; mais les inconvénients en ont bientôt été reconnus.

D'abord, relativement à notre dette actuelle, elle serait une contravention au contrat qui ne l'a pas soumise à cette charge. Ce serait l'équivalent d'une réduction *forcée*, et par conséquent, une *infidélité* comme toute autre.

Puis, ce serait le moyen de rendre, *pour tous les temps*, la négociation d'un nouvel emprunt d'autant moins avantageuse à l'État. La charge de l'impôt entrerait naturellement dans le calcul des prêteurs qui réduiraient leurs offres en conséquence; de sorte qu'ils se trouveraient remboursés, d'avance, de la contribution qu'ils paieraient plus tard et qui retomberait, en définitive, sur les contribuables auxquels l'emprunt aurait coûté d'autant plus cher.

Que n'y aurait-il pas, d'ailleurs, à dire sur les causes diverses par lesquelles la possession d'une rente *sur l'État* est placée si fort au dessous de la propriété foncière qui s'en montre pourtant si jalouse!...

Mais je me hâte de revenir à l'objet principal de ce débat.

S'il fallait, pour admettre l'appel au rachat, renoncer à tout ce que la loi du 17 mai 1837 promet, on conçoit qu'au milieu du conflit des intérêts, la doctrine du crédit pourrait trouver beaucoup de consciences rebelles à ses principes; mais elle n'a heureusement pas besoin de se montrer aussi exigeante : elle n'a point à réclamer pour la loi du 28 avril 1816 une préférence qui dût causer le moindre préjudice à sa rivale.

Celle-ci porte : 1° que le fonds extraordinaire

affecté aux travaux publics se composera de *crédits en rentes* que le ministre des finances sera autorisé à faire inscrire au grand-livre de la dette publique.

2° Que ces rentes ne pourront être négociées qu'avec publicité et concurrence.

3° Que dans le cas où ces rentes seraient négociées, la dotation de l'amortissement sera augmentée d'une somme égale au centième du capital nominal de ces rentes.

4° Qu'elles pourront être données, au cours désigné, à la caisse d'amortissement en échange des bons du trésor composant *la réserve* établie en vertu de la loi du 10 juin 1833.

Il ne s'agit donc réellement, *au fond*, que de subvenir, *par la voie des emprunts*, à des dépenses *productives* qui doivent porter avec elles la compensation de l'accroissement de charges que les rentes inscrites imposeront aux contribuables, soit, que les emprunts soient faits à *la caisse d'amortissement*, soit, qu'ils le soient *aux capitalistes*. Ainsi, l'augmentation des charges serait la même dans les deux cas; sauf un centième pour l'amortissement des capitaux qui devraient être désormais fournis *exclusivement* par les particuliers; différence trop légère pour mériter quelque attention ; et l'on ne peut disconvenir que l'application légale

de la *réserve* au rachat de la rente de 5 fr. pro-
duirait, avec une grande économie, *l'extinction
promise* de la dette, sans nuire, en rien, aux résultats naturels de la loi de 1837; tandis que
l'emploi que celle-ci autorise, viole le contrat
sans profit pour les travaux publics et avec un
préjudice évident pour les contribuables qui
perdent tout le bénéfice de *l'intérêt composé* que
l'amortissement leur assure, en même temps
qu'ils restent éternellement soumis aux con-
séquences funestes *de la perpétuité* de la rente.

L'appel au rachat remettrait en vigueur un
système qui, depuis 1817, avait libéré la France
de DIX HUIT CENT MILLIONS de capitaux, avec une
épargne de TROIS CENT SOIXANTE-DIX-SEPT MILLIONS
sur ce qu'aurait coûté, sans son intervention,
le remboursement des mêmes capitaux au pair.

Et si l'on considère que ce n'est plus une
idée nouvelle : que cette opération vient d'être
tout récemment pratiquée sous nos yeux, pour
le compte de gouvernements étrangers; que son
exécution n'est par conséquent susceptible
d'aucune difficulté sérieuse; se déciderait-on
à la repousser chez nous sans qu'elle eût même obtenu la faveur du plus léger examen,
lorsqu'elle nous offre, je le répète, un moyen
facile et certain de concilier l'accomplissement
d'un devoir sacré que l'intérêt légitime des contribuables et de nos créanciers recommande,

avec les nécessités réelles de la loi du 17 mai 1837 et sans rien changer *au fond* du mode d'exécution qu'elle prescrit?

Je ne saurais le croire. Ce serait désespérer de la nature du gouvernement représentatif.

Je reproduis, avec quelques additions, le projet d'articles qui résume mes propositions.

Art. 1er.

Le paragraphe 2 de l'art. 3 de la loi du 17 mai 1837 portant que les rentes que le ministre des finances sera autorisé à faire inscrire, pour les travaux publics, pourront être données à la caisse d'amortissement, en échange des bons dont elle se trouvera propriétaire, aux termes de la loi du 10 juin 1833, est rapporté.

Art. 2.

A partir de l'exercice 1838, la somme de 32 millions affectée à la dotation de l'amortissement de la rente inscrite au grand-livre des 5 p. 0[0, sera versée, par douxième et par mois, par le trésor, à la caisse d'amortissement.

Art. 3.

Chaque année (à compter de 1839), dans les dix premiers jours de janvier, les rentes inscrites au grand-livre des 5 p. 0[0 (à l'exception de celles appartenant à la caisse d'amortissement, à la légion d'Honneur, aux fonds de retraites et aux établissements subventionnés par le trésor public), seront soumises à un tirage au sort, pour composer un capital, au pair, double de la somme qui se trouvera, à ladite époque, restée, sans emploi, à la caisse d'amortissement.

ART. 4.

Les propriétaires de ces inscriptions les remettront, dans les trois mois suivants, à la caisse d'amortissement où ils recevront en échange : 1° le remboursement, au pair, en numéraire, de la moitié de la rente; 2° un certificat du montant de la rente réduite à moitié, à laquelle ils continueront d'avoir droit et dont l'inscription leur sera délivée, au bureau du grand-livre; 3° un bon, sur le trésor, du sémestre entier échéant au 22 mars suivant, de leur rente primitive , lequel leur sera payé au trésor.

ART. 5.

Les nouvelles inscriptions *réduites* ne pourront être soumises, de nouveau, au sort, qu'après que toutes les autres auront été appelées au rachat.

ART. 6.

Les anciennes rentes rachetées seront inscrites, pour moitié au grand-livre, au nom de la caisse d'amortissement, qui en percevra les arrérages pendant dix années, après lesquelles les 20 millions de rente qu'elle aura rachetés , dans cet intervalle, dans le fonds de 5 p. 0∣0 , seront annulés, par un acte législatif, et le crédit de la dette publique réduit, d'autant, au budget.

Art. 7.

Néanmoins, si la réserve établie par l'art. 9 ci-après, avait été employée, en tout, ou en partie, pour le cas prévu ; les nouvelles rentes rachetées, dans le cours de la première décennalité ou dans les autres, seraient appliquées à recomposer ou à compléter ladite réserve, et il pourrait même être sursis, par une loi, à l'annulation du surplus, dans la proportion qui serait jugée nécessaire, si, à l'expiration d'une décennalité, les circonstances politiques pouvaient faire craindre des dangers prochains.

Art. 8.

Dix millions des rentes dont la caisse d'amortissement est encore propriétaire, sont annulés, et distraits du crédit de la dette publique.

Art. 9.

Il ne pourra, sous quelque prétexte que ce soit, être disposé d'aucune partie des rentes rachetées, même de celles dont la caisse d'amortissement restera propriétaire après l'exécution de l'article précédent, qu'en vertu d'une loi spéciale et seulement pour se procurer les moyens de subvenir, jusques à due concurrence, sans augmenter l'impôt, aux frais *extraordinaires de la défense du territoire.*

Art. 10.

Il n'est rien innové quant à présent, aux dispositions de la loi du 10 juin 1833, relativement aux rentes de 4 1[2 et 4 p. 0[0, eu égard au peu d'importance de ces deux portions de la dette publique.

—

Post-Scriptum.

Cette note était à l'impression lorsque l'on a annoncé la lecture prochaine d'une proposition concernant le remboursement et la conversion. La discussion de cette proposition offrirait une occasion naturelle de réfuter le plan qu'on lui oppose ; d'en démontrer les vices, et de prouver, par des calculs positifs, la supériorité des résultats que promet, en faveur des contribuables et du crédit public, le nouveau système que l'on veut substituer à celui consacré par la loi de 1816 et confirmé par celle de 1833. On peut remarquer que la proposition dont il s'agit s'en rapproche en dérogeant *tacitement* à la disposition de la loi du 17 mai 1837, qui autorisait l'application de la *réserve* de l'amortissement *aux travaux publics*. C'est un premier pas vers le retour au principe que je défends, et qui se trouverait *indirectement reconnu*.

Ma complète ignorance de tout ce qui se rapporte *à la spéculation sur les fonds publics* ne permet pas de m'expliquer les effets des conditions diverses prescrites pour l'échange des rentes dont la conversion serait consentie pour échapper à *la menace* du remboursement. Les développements qui seront soumis à la chambre pour obtenir *la prise en considération*, mettront sans doute l'appréciation de ces effets à la portée de toutes les intelligences.

FIN.

www.ingramcontent.com/pod-product-compliance
Lightning Source LLC
Chambersburg PA
CBHW051257050726
47595CB00008B/3295